Classiques Juniors
Collection animée par Noëlle Degoud - Caen

LES FLEURS DE LA PETITE IDA
CONTES

HANS CHRISTIAN ANDERSEN

Traduction du danois par
David Soldi
Présentation par
Irka Thébaut

Larousse

17, RUE DU MONTPARNASSE - 75298 PARIS CEDEX 06

ISBN 2-03-870219-5

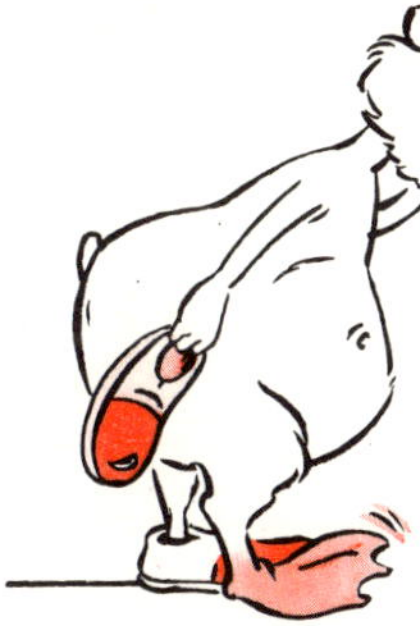

SILENCE ! ON LIT.

Hans Christian Andersen est né en avril 1805 à Odense, dans une île du Danemark.

Son père est cordonnier et sa famille, très pauvre. Il connaît la misère et la souffrance. Mais son enfance est égayée par les fables que lui lit son père, surtout les fables de La Fontaine, et les jouets qu'il lui fabrique.

À 14 ans, il part pour Copenhague, la capitale du Danemark, où il espère réaliser son rêve d'enfant : faire du théâtre, devenir acteur... Mais il n'a que de petits rôles. Il reste dans la misère. Heureusement, il devient l'ami d'un directeur de théâtre et obtient une bourse du roi pour faire ses études.

À 24 ans, il réussit ses examens avec succès et fait paraître son premier recueil de poèmes. Il décide alors de voyager et il parcourt l'Europe.

Après un long séjour en Italie, il publie son premier roman et ses premiers contes. Il a

29 ans ; il devient célèbre. Il continue alors d'écrire et fait paraître beaucoup d'autres livres : des romans, des comédies, des récits de voyage et, bien sûr, des contes. Ils sont traduits dans presque tous les pays d'Europe.

Andersen aimait les enfants, et les enfants l'aimaient aussi, lui et ses histoires. Les grandes personnes, et le roi lui-même, les écoutaient avec beaucoup de plaisir.

Quand Andersen meurt, en 1875, il a écrit plus de 150 contes. Certains reprennent des légendes ou des récits entendus dans son enfance.

Mais beaucoup de ses histoires sont inventées. Elles sont souvent à l'image de sa vie, comme *le Vilain Petit Canard.*

Andersen aime écrire comme on le fait dans les fables : ses personnages sont souvent des animaux, des plantes, quelquefois des objets.

Depuis plus de cent ans, beaucoup d'enfants, petits ou grands, dans tous les pays du monde, ont lu et lisent encore ses histoires avec ravissement.

Les Fleurs de la petite Ida

« Mes pauvres fleurs sont toutes mortes, dit la petite Ida. Hier soir elles étaient encore si belles ! et maintenant toutes leurs feuilles pendent desséchées. D'où cela vient-il ? » demanda-t-elle à l'étudiant qui était assis sur le canapé et qu'elle aimait beaucoup.

Il savait raconter les histoires les plus jolies et découper des images si amusantes, des cœurs avec de petites femmes qui dansaient, des fleurs et de grands châteaux dont on pouvait ouvrir la porte. Oh ! c'était un joyeux étudiant.

« Pourquoi mes fleurs ont-elles aujourd'hui une mine si triste ? demanda-t-elle une seconde fois en lui montrant un bouquet tout desséché.

– Je vais te dire ce qu'elles ont, dit l'étudiant. Tes fleurs ont été cette nuit au bal, et voilà pourquoi leurs têtes sont ainsi penchées.

– Cependant les fleurs ne savent pas danser, dit la petite Ida.

– Si vraiment, répondit l'étudiant. Lorsqu'il fait noir et que nous dormons nous autres, elles sautent et s'en donnent à cœur joie, presque toutes les nuits.

– Et les enfants ne peuvent-ils pas aller à leur bal ?

– Si, répondit l'étudiant ; les enfants du jardin : les petites marguerites et les petits muguets.

– Où dansent-elles, les belles fleurs ? demanda la petite Ida.

– N'es-tu jamais sortie de la ville, du côté du grand château où le roi fait sa résidence l'été, et où il y a un jardin magnifique rempli de fleurs ? Tu as bien vu les cygnes qui nagent vers toi quand tu leur donnes des miettes de pain ? Crois-moi, c'est là que se donnent de grands bals.

– Mais je suis allée hier avec maman au jardin, répliqua la jeune fille ; il n'y avait plus de feuilles aux arbres, et pas une seule fleur. Où sont-elles donc ? J'en ai tant vu pendant l'été !

– Elles sont dans l'intérieur du château, dit l'étudiant. Dès que le roi et les courtisans retournent à la ville, les fleurs quittent promptement le jardin, entrent dans le château et mènent joyeuse vie. Oh ! si tu voyais cela ! Les deux plus belles roses s'asseyent sur le trône, et elles sont roi et reine. Les crêtes-de-coq écarlates se rangent des deux côtés et s'inclinent : ce sont les officiers de la maison royale. Ensuite viennent les autres fleurs, et on fait un grand bal... Les violettes bleues représentent les élèves de marine ; elles dansent avec les jacinthes et les crocus, qu'elles appellent mesdemoiselles. Les tulipes et les grands lis rouges sont de vieilles dames chargées de veiller à ce qu'on danse convenablement et à ce que tout se passe comme il faut.

– Mais, demanda la petite Ida, n'y a-t-il personne qui punisse les fleurs pour danser dans le château du roi ?

– Presque personne ne le sait, dit l'étudiant. Il est vrai que quelquefois, pendant la nuit, arrive le vieil intendant qui doit faire sa ronde. Il a un grand trousseau de clefs sur lui, et dès que les fleurs en entendent le cliquetis, elles se tiennent toutes tranquilles, se cachent

derrière les longs rideaux et ne montrent que la tête. « Je sens qu'il y a des fleurs ici », dit le vieil intendant ; mais il ne peut pas les voir.

– C'est superbe, dit la petite Ida en battant des mains. Est-ce que je ne pourrais pas voir les fleurs danser, moi aussi ?

– Peut-être, dit l'étudiant. Penses-y, lorsque tu retourneras dans le jardin du roi. Regarde par la fenêtre et tu les verras. Je l'ai fait aujourd'hui même ; il y avait un long lis jaune qui était étendu sur le canapé. C'était une dame de la cour.

– Mais les fleurs du Jardin des Plantes y vont-elles aussi ? Comment peuvent-elles faire ce long chemin ?

– Mais, dit l'étudiant, si elles veulent, elles peuvent voler. N'as-tu pas vu les beaux papillons rouges, jaunes et blancs ? Est-ce qu'ils ne ressemblent pas tout à fait aux fleurs ? C'est qu'ils n'ont pas d'abord été autre chose. Les fleurs ont quitté leur tige et se sont élevées dans les airs ; là elles ont agité leurs feuilles comme de petites ailes, et ont commencé à voler. Et, parce qu'elles se sont bien conduites, elles ont obtenu la permission de voler toute la journée, et elles n'ont plus besoin de rester chez elles attachées à leur tige. C'est ainsi qu'à la fin les feuilles sont

devenues de véritables ailes. Mais tu l'as vu toi-même. Du reste, il se peut que les fleurs du Jardin des Plantes ne soient jamais allées dans le jardin du roi, et même qu'elles ignorent qu'on y mène la nuit si joyeuse vie. C'est pourquoi je veux te dire quelque chose qui fera ouvrir de grands yeux au professeur de botanique, notre voisin. Lorsque tu iras dans le jardin, annonce à une fleur qu'il y a grand bal au château : celle-ci le répétera à toutes les autres, et elles s'envoleront. Vois-tu les yeux que fera le professeur, lorsqu'il ira visiter son jardin et qu'il n'y verra plus une seule fleur, sans pouvoir comprendre ce qu'elles sont devenues ?

– Mais comment une fleur pourra-t-elle le dire aux autres ? Les fleurs ne savent pas parler.

– C'est vrai, répondit l'étudiant ; mais elles sont très fortes en pantomime. N'as-tu pas souvent vu les fleurs, lorsqu'il fait un peu de vent, s'incliner et se faire des signes de tête ? N'as-tu pas remarqué que toutes les feuilles vertes s'agitent ? Ces mouvements sont aussi intelligibles pour elles que les paroles pour nous.

– Mais le professeur, est-ce qu'il comprend leur langage ? demanda Ida.

– Oui, assurément. Un jour qu'il était dans son jardin, il aperçut une grande ortie qui avec ses feuilles faisait des signes à un très bel œillet rouge. Elle disait : « Que tu es beau ! comme je t'aime ! » Mais le professeur se fâcha, et il frappa les feuilles qui servent de doigts à l'ortie. Il s'y piqua, et, depuis ce temps, comme il se souvient combien il lui en a cuit la première fois, il n'ose plus toucher à une ortie.

– C'est drôle, dit la petite Ida, et elle se mit à rire.

– Comment peut-on mettre de telles choses dans la tête d'un enfant ? » dit un ennuyeux conseiller qui était entré pendant la conversation pour faire une visite et qui s'était assis sur le canapé.

L'étudiant ne lui plut pas, et il ne cessa de murmurer, tant qu'il le vit découper ses petites figures risibles et joyeuses. Ce fut d'abord un homme pendu à une potence et tenant à la main un cœur volé ; puis une vieille sorcière qui trottait à cheval sur un balai et portait son mari sur son nez. Le conseiller ne pouvait supporter cette plaisanterie et il répétait sans cesse sa première réflexion : « Comment peut-on mettre de telles choses dans la tête d'un enfant ? C'est une fantaisie stupide ! »

Mais tout ce que l'étudiant racontait à la petite Ida avait pour elle un charme extraordinaire et elle y réfléchissait beaucoup. Les fleurs avaient les têtes penchées, parce qu'elles étaient fatiguées d'avoir dansé toute la nuit. Elles étaient sans doute malades. Alors elle les emporta près de ses autres joujoux, qui se trouvaient sur une jolie petite table dont le tiroir était rempli de belles choses. Elle trouva sa poupée Sophie couchée et endormie ; mais la petite lui dit : « Il faut te lever, Sophie, et te contenter pour cette nuit du tiroir. Les pauvres fleurs sont malades et ont besoin de prendre ta place. Ça les guérira peut-être. »

Et elle enleva la poupée. Celle-ci eut l'air tout contrarié, et ne dit pas un seul mot, tant elle était fâchée de ne pas pouvoir rester dans son lit !

Ida posa les fleurs dans le lit de Sophie, les couvrit bien avec la petite couverture et leur dit de se tenir gentiment tranquilles ; elle allait leur faire du thé pour qu'elles pussent redevenir joyeuses et se lever le lendemain matin.

Puis elle ferma les rideaux autour du petit lit, afin que le soleil ne tombât pas sur leurs yeux.

Pendant toute la soirée, elle ne put s'empêcher de songer à ce que lui avait raconté l'étudiant, et, au moment de se coucher, elle se dirigea d'abord vers les rideaux des fenêtres, où se trouvaient les magnifiques fleurs de sa mère, jacinthes et tulipes, et leur dit tout bas : « Je sais que vous irez au bal cette nuit. »

Les fleurs firent comme si elles ne comprenaient rien et ne remuèrent pas une feuille ; mais la petite Ida savait ce qu'elle savait.

Quand elle fut couchée, elle pensa longtemps au plaisir que ce devait être de voir danser les fleurs dans le château du roi. « Mes fleurs y sont-elles allées ? » Et elle s'endormit. Elle se réveilla dans la nuit ; elle avait rêvé des fleurs, de l'étudiant et du conseiller qui l'avait grondé. Tout était silencieux dans la chambre où Ida reposait. La veilleuse brûlait sur la table, et le père et la mère dormaient.

« Je voudrais bien savoir si mes fleurs sont encore dans le lit de Sophie ! Oui, je voudrais le savoir. »

Elle se leva à moitié et jeta les yeux sur la porte entrebâillée. Elle écouta, et il lui sembla qu'elle entendait toucher du piano dans le salon, mais si doucement et si délicatement qu'elle n'avait jamais entendu rien de pareil.

« Ce sont sans doute les fleurs qui dansent. Ah ! mon Dieu ! que je voudrais les voir ! »

Mais elle n'osa pas se lever tout à fait, de peur de réveiller son père et sa mère.

Oh ! si elles voulaient entrer ici ! pensa-t-elle.

Mais les fleurs ne vinrent pas, et la musique continua de jouer bien doucement. À la fin, elle ne put y tenir ; c'était trop joli. Elle quitta son petit lit et alla sur la pointe du pied à la porte pour regarder dans le salon. Oh ! que c'était superbe, ce qu'elle vit !

Il n'y avait point de veilleuse, il est vrai ; mais pourtant il y faisait bien clair. Les rayons de la lune tombaient par la fenêtre sur le plancher ; on y voyait presque comme en plein jour. Toutes les jacinthes et les tulipes étaient debout sur deux longues rangées ; pas une ne restait à la fenêtre ; tous les pots étaient vides. Sur le plancher, toutes les fleurs dansaient joliment les unes au milieu des autres, faisaient toute espèce de figures, et se tenaient

par leurs longues feuilles vertes pour faire la grande ronde. Au piano était assis un grand lis jaune, avec qui la petite Ida avait fait connaissance dans l'été ; car elle se rappelait fort bien que l'étudiant avait dit : « Regarde comme ce lis ressemble à Mlle Caroline. » Tout le monde s'était moqué de lui, et cependant la petite Ida crut alors reconnaître que la grande fleur jaune ressemblait d'une manière étonnante à cette demoiselle. Elle avait en

touchant du piano absolument les mêmes manières ; elle penchait sa longue figure jaune, tantôt d'un côté, tantôt de l'autre, et battait aussi la mesure avec la tête. Personne n'avait remarqué la petite Ida. Elle aperçut ensuite un grand crocus bleu qui sautait au milieu de la table où étaient ses joujoux et qui alla ouvrir le rideau du lit de la poupée. C'est là qu'étaient couchées les fleurs malades ; elles se levèrent aussitôt et dirent aux autres par un signe de tête qu'elles avaient aussi envie de danser. Le vieux bonhomme du vase aux parfums, qui avait perdu la lèvre inférieure, se leva et fit un compliment aux belles fleurs. Elles reprirent leur bonne mine, se mêlèrent aux autres et se montrèrent on ne peut plus joyeuses.

Tout à coup, quelque chose tomba de la table ; Ida regarda : c'était la verge qui s'élançait à terre ; elle aussi parut vouloir prendre part à la fête des fleurs. Sur elle était assise une petite poupée de cire, qui portait un grand et large chapeau absolument semblable à celui du conseiller. La verge sauta au milieu des fleurs, montée sur ses trois échasses rouges, et se mit à marquer fortement la mesure en dansant une mazurka ; il n'y avait qu'elle qui en fût capable : les autres fleurs étaient trop légères

et n'auraient jamais pu faire entendre le même bruit avec leurs pieds.

Tout à coup, la poupée accrochée à la verge s'allongea et grandit, se tourna vers les autres fleurs, et s'écria tout haut : « Comment peut-on mettre de telles choses dans la tête d'un enfant ? C'est une fantaisie stupide ! »

Et la poupée de cire ressemblait alors extraordinairement au conseiller avec son large chapeau ; elle avait le même teint jaune et le même air grognon. Mais ses longues jambes frêles expièrent son exclamation : les fleurs les frappèrent rudement ; elle se ratatina soudain et redevint une toute petite poupée. Comme tout cela était amusant à voir ! La petite Ida ne put s'empêcher de rire. La verge continua de danser, et le conseiller était obligé de danser avec elle, malgré toute sa résistance, quoique tantôt il se fît grand et long, et tantôt reprît les proportions de la petite poupée au grand chapeau noir. Mais enfin les autres fleurs intercédèrent pour lui, surtout celles qui sortaient du lit de la poupée ; la verge se laissa toucher par leurs instances et se tint tranquille.

Puis quelqu'un frappa violemment dans le tiroir où étaient enfermés les autres joujoux d'Ida. L'homme du vase aux parfums courut jusqu'au bord de la table, s'étendit sur le ventre et réussit à ouvrir un peu le tiroir. Tout à coup Sophie se leva et regarda tout étonnée autour d'elle. « Il y a donc bal ici ! dit-elle ; pourquoi personne ne me l'a-t-il dit ?

– Veux-tu danser avec moi ? dit l'homme aux parfums.

– Par exemple, en voilà un danseur ! » dit-elle, et elle lui tourna le dos.

Elle s'assit ensuite sur le tiroir et pensait qu'une des fleurs allait venir l'inviter. Mais aucune d'elles ne se présenta : elle eut beau tousser et faire hum ! hum ! aucune n'approcha. L'homme se mit à danser tout seul, et s'en acquitta assez bien.

Comme aucune des fleurs ne semblait faire attention à Sophie, elle se laissa tomber avec un grand bruit du tiroir sur le plancher. Toutes les fleurs accoururent, lui demandèrent si elle s'était fait mal, et se montrèrent très aimables avec elle, surtout celles qui avaient couché dans son lit.

Elle ne s'était pas fait le moindre mal, et les fleurs d'Ida la remercièrent de son bon lit, la conduisirent au milieu de la salle, où brillait la lune, et se mirent à danser avec elle. Toutes les autres fleurs faisaient cercle pour les voir. Sophie, joyeuse, leur dit qu'elles pouvaient désormais garder son lit, qu'il lui était égal de coucher dans le tiroir.

Les fleurs lui répondirent : « Nous te remercions cordialement ; nous ne pouvons pas vivre si longtemps. Demain nous serons mortes. Mais dis à la petite Ida qu'elle nous enterre là, dans l'endroit du jardin où est enterré le petit oiseau des Canaries. Nous ressusciterons dans l'été et nous reviendrons bien plus belles.

– Non, il ne faut pas que vous mouriez », dit Sophie ; et elle baisa les fleurs.

Mais au même instant, la porte du grand salon s'ouvrit, et une foule pressée de fleurs magnifiques entra en dansant. Ida ne pouvait comprendre d'où elles venaient. Sans doute, c'étaient toutes les fleurs du jardin du roi ! À leur tête marchaient deux roses éblouissantes qui portaient de petites couronnes d'or :

c'étaient le roi et la reine. Ensuite vinrent les plus charmantes giroflées, les plus beaux œillets, qui saluaient de tous côtés. Ils étaient accompagnés d'une troupe de musiciens ; de grands pavots, des pivoines soufflaient si fort dans des cosses de pois qu'ils en avaient la figure toute rouge ; les jacinthes bleues et les petites perce-neige sonnaient comme si elles portaient de véritables sonnettes.

C'était une musique bien remarquable ; toutes les autres fleurs se joignirent à la bande

nouvelle, et on vit danser violettes et amarantes, pâquerettes et marguerites. Elles s'embrassèrent toutes les unes les autres. C'était un spectacle délicieux.

Ensuite, les fleurs se souhaitèrent une bonne nuit, et la petite Ida se glissa dans son lit, où elle rêva à tout ce qu'elle avait vu. Le lendemain, dès qu'elle fut levée, elle courut à la petite table pour voir si les fleurs y étaient toujours. Elle ouvrit les rideaux du petit lit ; elles s'y trouvaient toutes, mais encore bien

plus desséchées que la veille. Sophie était couchée dans le tiroir où elle l'avait placée, et avait l'air d'avoir grand sommeil.

– « Te rappelles-tu ce que tu as à me dire ? » lui dit la petite Ida.

Mais Sophie avait une mine tout étonnée, et ne répondit pas un mot.

– « Tu n'es pas bonne, dit Ida ; pourtant, elles ont toutes dansé avec toi. »

Elle prit ensuite une petite boîte de papier qui contenait des dessins de beaux oiseaux, et elle y mit les fleurs mortes.

– « Voilà votre joli petit cercueil, dit-elle. Et plus tard, lorsque mes petits cousins viendront me voir, ils m'aideront à vous enterrer dans le jardin, pour que vous ressuscitiez dans l'été et que vous reveniez plus belles. »

Les cousins de la petite Ida étaient deux joyeux garçons ; ils s'appelaient Jonas et Adolphe. Leur père leur avait donné deux arbalètes, et ils les emportèrent pour les montrer à Ida. La petite fille leur raconta l'histoire des pauvres fleurs qui étaient mortes et les invita à l'enterrement. Les deux garçons marchèrent devant avec leurs arbalètes sur l'épaule, et la petite Ida suivit avec les fleurs

mortes dans le joli cercueil ; on creusa une petite fosse dans le jardin ; Ida, après avoir donné un dernier baiser aux fleurs, déposa le cercueil dans la terre. Adolphe et Jonas tirèrent des coups d'arbalète au-dessus de la tombe ; car ils ne possédaient ni fusil ni canon.

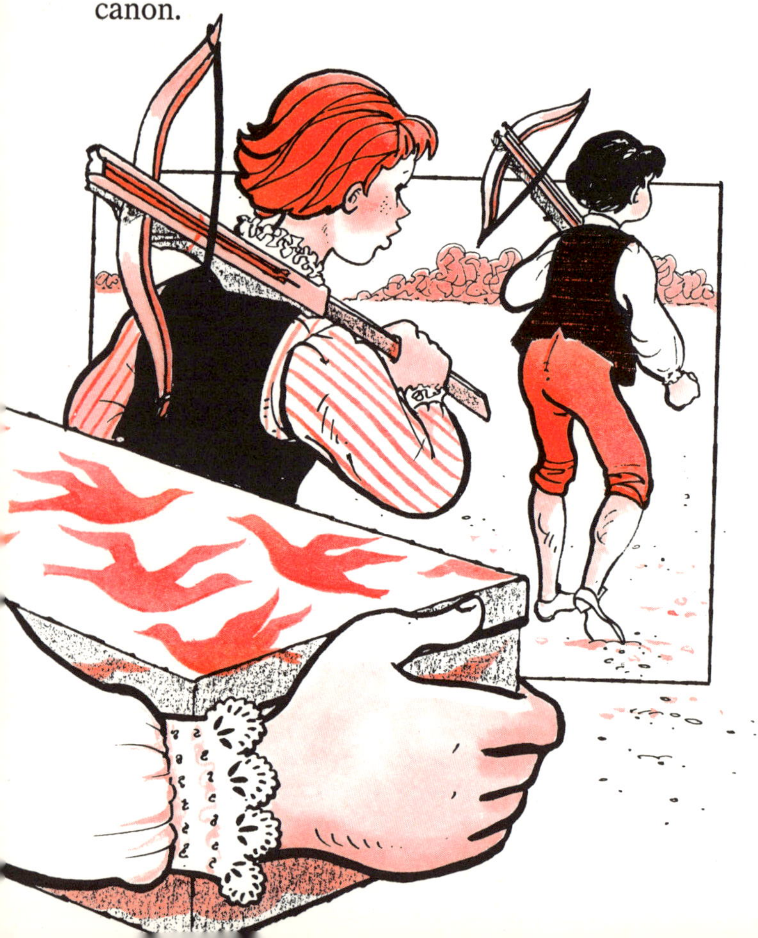

La Petite Fille et les allumettes

Comme il faisait froid ! La neige tombait et la nuit n'était pas loin ; c'était le dernier soir de l'année, la veille du jour de l'an. Au milieu de ce froid et de cette obscurité, une pauvre petite fille passa dans la rue, la tête et les pieds nus. Elle avait, il est vrai, des pantoufles en quittant la maison, mais elles ne lui avaient pas servi longtemps : c'étaient de grandes pantoufles que sa mère avait déjà usées, si grandes que la petite les perdit en se pressant de traverser la rue entre deux voitures. L'une fut réellement perdue ; quant à l'autre, un gamin l'emporta avec l'intention d'en faire un berceau pour son petit enfant, quand le ciel lui en donnerait un.

La petite fille cheminait sur ses petits pieds nus, qui étaient rouges et bleus de froid ; elle avait dans son vieux tablier une grande quantité d'allumettes, et elle portait à la main un paquet. C'était pour elle une mauvaise journée ; pas d'acheteurs, donc pas le moindre sou. Elle avait bien faim et bien froid, bien misérable mine. Pauvre petite ! Les flocons de neige tombait dans ses longs cheveux blonds, si gentiment bouclés autour de son cou ; mais songeait-elle seulement à ses cheveux bouclés ? Les lumières brillaient aux fenêtres, le fumet des rôtis s'exhalait dans la rue ; c'était la veille du jour de l'an : voilà à quoi elle songeait.

Elle s'assit et s'affaissa sur elle-même dans un coin, entre deux maisons. Le froid la saisit de plus en plus, mais elle n'osait pas retourner chez elle : elle rapportait ses allumettes, et pas la plus petite pièce de monnaie. Son père la battrait ; et, du reste, chez elle, est-ce qu'il ne faisait pas froid aussi ? Ils logeaient sous le toit, et le vent soufflait au travers, quoique les plus grandes fentes eussent été bouchées avec de la paille et des chiffons. Ses petites mains étaient presque mortes de froid. Hélas ! Qu'une petite allumette leur ferait du bien ! Si elle osait en tirer une seule du paquet, la frotter sur le mur et réchauffer ses doigts ! Elle en tira une : ritch ! Comme elle éclata ! Comme elle brûla ! C'était une flamme chaude et claire comme une petite chandelle, quand elle la couvrit de sa main. Quelle lumière bizarre ! Il semblait à la petite fille qu'elle était assise devant un grand poêle de fer orné de boules et surmonté d'un couvercle en cuivre

luisant. Le feu y brûlait si magnifique, il chauffait si bien ! Mais qu'y a-t-il donc ! La petite étendait déjà ses pieds pour les chauffer aussi ; la flamme s'éteignit, le poêle disparut : elle était assise, un petit bout d'allumette brûlée à la main.

Elle en frotta une seconde, qui brûla, qui brilla, et, là où la lueur tomba sur le mur, il devint transparent comme une gaze. La petite pouvait voir jusque dans une chambre où la table était couverte d'une nappe blanche, éblouissante de fines porcelaines, et sur laquelle une oie rôtie, farcie de pruneaux et de pommes, fumait avec un parfum délicieux. O surprise ! Tout à coup l'oie sauta de son plat et roula sur le plancher, la fourchette et le couteau dans le dos, jusqu'à la pauvre fille. L'allumette s'éteignit : elle n'avait devant elle que le mur épais et froid.

En voilà une troisième allumée. Aussitôt elle se vit assise sous un magnifique arbre de Noël ; il était plus riche et plus grand encore que celui qu'elle avait vu, à la Noël dernière, à travers la porte vitrée, chez le riche marchand. Mille chandelles brûlaient sur les branches vertes, et des images de toutes couleurs, comme celles qui ornent les vitrines des magasins, semblaient lui sourire. La petite éleva les deux mains : l'allumette s'éteignit ; toutes les chandelles de Noël montaient, montaient, et elle s'aperçut alors que ce n'était que les étoiles. Une d'elle tomba et traça une longue raie de feu dans le ciel.

« C'est quelqu'un qui meurt, » se dit la petite ; car sa vieille grand-mère, qui seule avait été bonne pour elle, mais n'était plus, lui répétait souvent : « Lorsqu'une étoile tombe, c'est qu'une âme monte à Dieu. »

Elle frotta encore une allumette sur le mur : il se fit une grande lumière au milieu de laquelle la grand-mère se tenait debout, avec un air si doux, si radieux !

« Grand-mère, s'écria la petite, emmène-moi. Lorsque l'allumette s'éteindra, je sais que tu n'y seras plus. Tu disparaîtras comme le poêle de fer, comme l'oie rôtie, comme le bel arbre de Noël. »

Elle frotta promptement le reste du paquet, car elle tenait à garder sa grand-mère, et les allumettes répandirent un éclat plus vif que celui du jour. Jamais la grand-mère n'avait été si grande et si belle. Elle prit la petite fille sur son bras, et toutes les deux s'envolèrent joyeuses au milieu de ce rayonnement, si haut, si haut, qu'il n'y avait plus ni froid, ni faim, ni angoisse ; elles étaient chez Dieu.

Mais dans le coin, entre les deux maisons, était assise, quand vint la froide matinée, la petite fille, les joues toutes rouges, le sourire sur la bouche... morte, morte de froid, le dernier soir de l'année. Le jour de l'an se leva sur le petit cadavre assis là avec les allumettes, dont un paquet avait été presque tout brûlé. « Elle a voulu se chauffer ! » dit quelqu'un. Tout le monde ignora les belles choses qu'elle avait vues, et au milieu de quelle splendeur elle était entrée avec sa vieille grand-mère dans la nouvelle année.

Le Vilain Petit Canard

Que la campagne était belle ! On était au milieu de l'été ; les blés agitaient des épis d'un jaune magnifique, l'avoine était verte, et dans les prairies le foin s'élevait en monceaux odorants ; la cigogne se promenait sur ses longues jambes rouges, en bavardant en égyptien, langue qu'elle avait apprise de madame sa mère. Autour des champs et des prairies s'étendaient de grandes forêts coupées de lacs profonds.

Oui vraiment, la campagne était bien belle. Les rayons du soleil éclairaient de tout leur éclat un vieux domaine entouré de larges fossés, et de grandes feuilles de bardane descendaient du mur jusque dans l'eau ; elles étaient si hautes que les petits enfants pouvaient se cacher dessous, et qu'au milieu d'elles on pouvait trouver une solitude aussi sauvage qu'au centre de la forêt. Dans une de ces retraites une cane avait établi son nid et couvait ses œufs ; il lui tardait bien de voir ses petits éclore. Elle ne recevait guère de visites ; car les autres animaux aimaient mieux nager dans les fossés que de venir jusque sous les bardanes pour barboter avec elle.

Enfin les œufs commencèrent à crever les uns après les autres ; on entendait « pip-pip ; » c'étaient les petits canards qui vivaient et tendaient leur cou au dehors.

« Rap-rap », dirent-ils ensuite en faisant tout le bruit qu'ils pouvaient.

Ils regardaient de tous côtés sous les feuilles vertes, et la mère les laissa faire ; car le vert réjouit les yeux.

« Que le monde est grand ! dirent les petits nouveau-nés à l'endroit même où ils se trouvèrent au sortir de leur œuf.

– Vous croyez donc que le monde finit là ? dit la mère. Oh ! non, il s'étend bien plus loin, de l'autre côté du jardin, jusque dans les champs du curé ; mais je n'y suis jamais allée. Êtes-vous tous là ? continua-t-elle en se levant. Non, le plus gros œuf n'a pas bougé : Dieu ! que cela dure longtemps ! J'en ai assez. »

Et elle se mit à couver, mais d'un air contrarié.

« Eh bien ! comment cela va-t-il ? dit une vieille cane qui était venue lui rendre visite.

– Il n'y a plus que celui-là que j'ai toutes les peines du monde à faire crever. Regardez un peu les autres : ne trouvez-vous pas que ce sont les plus gentils petits canards qu'on ait jamais vus ? Ils ressemblent tous d'une manière étonnante à leur père ; mais le coquin ne vient pas même me voir.

– Montrez-moi un peu cet œuf qui ne veut pas crever, dit la vieille. Ah ! vous pouvez me croire, c'est un œuf de dinde. Moi aussi j'ai été trompée une fois comme vous, et j'ai eu toute la peine possible avec le petit ; car tous ces êtres-là ont affreusement peur de l'eau. Je ne pouvais parvenir à l'y faire entrer. J'avais beau le happer et barboter devant lui, rien n'y faisait. Que je le regarde encore : oui, c'est bien certainement un œuf de dinde. Laissez-le là, et apprenez plutôt aux autres enfants à nager.

– Non, puisque j'ai déjà perdu tant de temps, je puis bien rester à couver un jour ou deux de plus, répondit la cane.

– Comme vous voudrez », répliqua la vieille ; elle s'en alla.

Enfin le gros œuf creva. « Pip-pip », fit le petit, et il sortit. Comme il était grand et vilain ! La cane le regarda et dit : « Quel

énorme caneton. Il ne ressemble à aucun de nous. Serait-ce vraiment un dindon ? Ce sera facile à voir : il faut qu'il aille à l'eau, quand je devrais l'y traîner. »

Le lendemain, il faisait un temps magnifique : le soleil rayonnait sur toutes les vertes bardanes ; la mère des canards se rendit avec toute sa famille au fossé. « Platsh ! » et elle sauta dans l'eau. « Rap-rap », dit-elle ensuite, et chacun des petits plongea l'un après l'autre ; et l'eau se referma sur les têtes. Mais bientôt ils reparurent et nagèrent avec rapidité. Les jambes allaient toutes seules, et tous se réjouissaient dans l'eau, même le vilain grand caneton gris.

« Ce n'est pas un dindon, dit-elle. Comme il se sert habilement de ses jambes, et comme il se tient droit ! C'est mon enfant aussi : il n'est pas si laid, lorsqu'on le regarde de près.

Rap-rap ! Venez maintenant avec moi : je vais vous faire faire votre entrée dans le monde et vous présenter dans la cour des canards. Seulement ne vous éloignez pas de moi, pour qu'on ne marche pas sur vous, et prenez bien garde au chat. »

Ils entrèrent tous dans la cour des canards.

Quel bruit on y faisait ! Deux familles s'y disputaient une tête d'anguille, et à la fin ce fut le chat qui l'emporta.

« Vous voyez comme les choses se passent dans le monde », dit la cane en aiguisant son bec ; car elle aussi aurait bien voulu avoir la tête d'anguille. « Maintenant, remuez les jambes, continua-t-elle ; tenez-vous bien ensemble et saluez le vieux canard là-bas. C'est le plus distingué de tous ceux qui se trouvent ici. Il est de race espagnole, c'est pour cela

qu'il est si gros, et remarquez bien ce ruban rouge autour de sa jambe : c'est quelque chose de magnifique, et la plus grande distinction qu'on puisse accorder à un canard. Cela signifie qu'on ne veut pas le perdre, et qu'il doit être remarqué par les animaux comme les hommes. Allons, tenez-vous bien ; non ne mettez pas les pieds en dedans : un caneton bien élevé écarte les pieds avec soin, regardez comme je les mets en dehors. Inclinez-vous et dites : « Rap ! »

Ils obéirent, et les autres canards qui les entouraient les regardaient et disaient tout haut : « Voyez un peu ; en voilà encore d'autres, comme si nous n'étions pas déjà assez. Fi, fi donc ! Qu'est-ce que ce canet-là ? Nous n'en voulons pas. »

Et aussitôt un grand canard vola de son côté, se jeta sur lui et le mordit au cou.

– « Laissez-le donc, dit la mère, il ne fait de mal à personne.

– D'accord ; mais il est si grand et si drôle, dit l'agresseur, qu'il a besoin d'être battu.

– Vous avez là de beaux enfants, la mère, dit le vieux canard au ruban rouge. Ils sont tous gentils, excepté celui-là ; il n'est pas bien venu : je voudrais que vous pussiez le refaire.

– C'est impossible, dit la mère cane. Il n'est pas beau, c'est vrai, mais il a un si bon caractère ! et il nage dans la perfection : oui, j'oserais même dire mieux que tous les autres. Je pense qu'il grandira joliment et qu'avec le temps il se formera. Il est resté trop longtemps dans l'œuf, et c'est pourquoi il n'est pas très bien fait. »

Tandis qu'elle parlait ainsi, elle le tirait doucement par le cou et lissait son plumage. « Du reste, c'est un canard, et la beauté ne lui importe pas tant. Je crois qu'il deviendra fort et qu'il fera son chemin dans le monde. Enfin, les autres sont gentils ; maintenant, mes enfants, faites comme si vous étiez à la maison et si vous trouvez une tête d'anguille, apportez-la-moi. »

Et ils firent comme s'ils étaient à la maison.

Mais le pauvre canet qui était sorti du dernier œuf fut, pour sa laideur, mordu, poussé et bafoué, non seulement par les canards, mais aussi par les poulets.

« Il est trop grand, » disaient-ils tous, et le coq d'Inde qui était venu au monde avec des éperons et qui se croyait empereur, se gonfla comme un bâtiment toutes voiles dehors, et marcha droit sur lui en grande fureur et rouge jusqu'aux yeux. Le pauvre canet ne savait s'il devait s'arrêter ou marcher : il eut bien du chagrin d'être si laid et d'être bafoué par tous les canards de la cour.

Voilà ce qui se passa dès le premier jour, et les choses allèrent toujours de pis en pis. Le pauvre canet fut chassé de partout : ses sœurs mêmes étaient méchantes avec lui et répétaient continuellement : « Que ce serait bien fait si le chat t'emportait, vilaine créature ! » Et la mère disait : « Je voudrais que tu fusses bien loin. » Les canards le mordaient, les poulets le battaient, et la bonne qui donnait à manger aux bêtes le repoussait du pied.

Alors il se sauva et prit son vol par-dessus la haie. Les petits oiseaux dans les buissons s'envolèrent de frayeur. « Et tout cela, parce que je suis vilain », pensa le caneton. Il ferma les yeux et continua son chemin. Il arriva ainsi au grand marécage qu'habitaient les canards sauvages. Il s'y coucha pendant la nuit, bien triste et bien fatigué.

Le lendemain, lorsque les canards sauvages se levèrent, ils aperçurent leur nouveau camarade. « Qu'est-ce que c'est que cela ? » dirent-ils : le canet se tourna de tous côtés et salua avec toute la grâce possible.

« Tu peux te flatter d'être énormément laid ! dirent les canards sauvages, mais cela nous est égal, pourvu que tu n'épouses personne de notre famille. »

Le malheureux ! est-ce qu'il pensait à se marier, lui qui ne demandait que la permission de coucher dans les roseaux et de boire de l'eau du marécage ?

Il passa ainsi deux journées. Alors arrivèrent dans cet endroit deux jars sauvages. Ils n'avaient pas encore beaucoup vécu ; aussi étaient-ils très insolents.

« Écoute, camarade, dirent ces nouveaux venus ; tu es si vilain que nous serions contents de t'avoir avec nous. Veux-tu nous accompagner et devenir un oiseau de passage ! Ici, tout près, dans l'autre marécage, il y a des oies sauvages charmantes, presque toutes demoiselles, et qui savent bien chanter. Qui sait si tu n'y trouverais pas le bonheur, malgré ta laideur affreuse ! »

Tout à coup on entendit « pif, paf ! » et les deux jars sauvages tombèrent morts dans les roseaux, et l'eau devint rouge comme du sang.

« Pif, paf ! » et des troupes d'oies sauvages s'envolèrent des roseaux. Et on entendit encore des coups de fusil. C'était une grande chasse ; les chasseurs s'étaient couchés tout autour du marais ; quelques-uns s'étaient même postés sur des branches d'arbres qui s'avançaient au-dessus des joncs. Une vapeur bleue semblable à de petits nuages sortait des arbres sombres et s'étendait sur l'eau ; puis les chiens arrivèrent au marécage : « platsh, platsh », et les joncs et les roseaux se courbaient de tous côtés. Quelle épouvante pour le pauvre caneton ! Il plia la tête pour la cacher sous son aile ; mais en même temps il aperçut devant lui un grand chien terrible : sa langue pendait hors de sa gueule, et ses yeux farouches étincelaient de cruauté. Le chien tourna la gueule vers le caneton, lui montra ses dents pointues et, « platsh, platsh », il alla plus loin sans le toucher.

« Dieu merci ! soupira le canard ; je suis si vilain que le chien lui-même dédaigne de me mordre ! »

Et il resta ainsi en silence, pendant que le plomb sifflait à travers les joncs et que les coups de fusil se succédaient sans relâche.

Vers la fin de la journée seulement, le bruit cessa ; mais le pauvre petit n'osa pas encore se lever. Il attendit quelques heures, regarda autour de lui, et se sauva du marais aussi vite qu'il put. Il passa au-dessus des champs et des prairies ; une tempête furieuse l'empêcha d'avancer.

Sur le soir, il arriva à une misérable cabane de paysan, si vieille et si ruinée qu'elle ne savait pas de quel côté tomber : aussi restait-elle debout. La tempête soufflait si fort autour

du caneton qu'il fut obligé de s'arrêter et de s'accrocher à la cabane : tout allait de mal en pis.

Alors il remarqua qu'une porte avait quitté ses gonds et lui permettait, par une petite ouverture, de pénétrer dans l'intérieur : c'est ce qu'il fit.

Là demeurait une vieille femme avec son matou et avec sa poule ; et le matou, qu'elle appelait son petit-fils, savait arrondir le dos et filer son rouet : il savait même lancer des étincelles, pourvu qu'on lui frottât convenablement le dos à rebrousse-poil. La poule avait des jambes fort courtes, ce qui lui avait valu le nom de Courte-Jambe. Elle pondait des œufs excellents, et la bonne femme l'aimait comme une fille.

Le lendemain on s'aperçut de la présence du caneton étranger. Le matou commença à gronder et la poule à glousser.

« Qu'y a-t-il ? » dit la femme en regardant autour d'elle. Mais, comme elle avait la vue basse, elle crut que c'était une grosse cane qui s'était égarée. « Voilà une bonne prise, dit-elle : j'aurai maintenant des œufs de cane. Pourvu que ce ne soit pas un canard ! Enfin, nous verrons. »

Elle attendit pendant trois semaines ; mais les œufs ne vinrent pas. Dans cette maison, le matou était le maître et la poule la maîtresse ; aussi ils avaient l'habitude de dire : « Nous et le monde » ; car ils croyaient faire à eux seuls la moitié et même la meilleure moitié du monde. Le caneton se permit de penser que l'on pouvait avoir un autre avis ; mais cela fâcha la poule.

« Sais-tu pondre des œufs ? demanda-t-elle.

– Non.

– Eh bien ! alors, tu auras la bonté de te taire. »

Et le matou le questionna à son tour : « Sais-tu faire le gros dos ? Sais-tu filer ton rouet et faire jaillir des étincelles ?

– Non.

– Alors tu n'as pas le droit d'exprimer une opinion, quand les gens raisonnables causent ensemble. »

Et le caneton se coucha tristement dans un coin, mais tout à coup un air vif et la lumière du soleil pénétrèrent dans la chambre, et cela lui donna une si grande envie de nager dans l'eau qu'il ne put s'empêcher d'en parler à la poule.

« Qu'est-ce donc ? dit-elle. Tu n'as rien à faire, et voilà qu'il te prend des fantaisies. Ponds des œufs ou fais ron-ron, et ces caprices te passeront.

– C'est pourtant bien joli de nager sur l'eau, dit le canard ; quel bonheur de la sentir se refermer sur sa tête et de plonger jusqu'au fond !

– Ce doit être un grand plaisir, en effet ! répondit la poule. Je crois que tu es devenu fou. Demande un peu à Minet, qui es l'être le plus raisonnable que je connaise, s'il aime à nager ou à plonger dans l'eau. Demande même à notre vieille maîtresse : personne dans le monde n'est plus expérimenté : crois-tu qu'elle ait envie de nager et de sentir l'eau se refermer sur sa tête ?

– Vous ne comprenez pas.

– Nous ne comprenons pas ? Mais qui te comprendrait donc ? Te croirais-tu plus instruit que Minet et notre maîtresse ?

– Je ne veux pas parler de moi.

– Ne t'en fais pas accroire, enfant, mais remercie plutôt le créateur de tout le bien dont il t'a comblé. Tu es arrivé dans une chambre bien chaude, tu as trouvé une société dont tu pourrais profiter, et tu te mets à raisonner jusqu'à te rendre insupportable. Ce n'est vraiment pas un plaisir de vivre avec toi. Crois-moi, je te veux du bien ; mais c'est à cela que l'on reconnaît ses véritables amis. Suis mes conseils, et tâche de pondre des œufs ou de faire ron-ron.

– Je crois qu'il me sera plus avantageux de faire mon tour dans le monde, répondit le canard.

– Comme tu voudras », dit le poulet.

Et le canard s'en alla nager et se plonger dans l'eau ; mais tous les animaux le méprisèrent à cause de sa laideur.

L'automne arriva, les feuilles de la forêt devinrent jaunes et brunes : le vent les saisit et les fit voltiger. En haut, dans les airs, il faisait bien froid ; des nuages lourds pendaient, chargés de grêle et de neige. Sur la haie, le corbeau croassait tant il était

gelé : rien que d'y penser, on grelottait. Le pauvre caneton n'était, en vérité, pas à son aise.

Un soir que le soleil se couchait glorieux, toute une foule de grands oiseaux superbes sortit des buissons ; le canet n'en avait jamais vu de semblables : ils étaient d'une blancheur éblouissante, ils avaient le cou long et souple. C'étaient des cygnes. Le son de leur voix était tout particulier. Ils étendirent leurs longues ailes éclatantes pour aller loin de cette contrée chercher dans les pays chauds des lacs toujours ouverts. Ils montaient si haut, si haut, que le vilain petit canard en était étrangement affecté ; il tourna dans l'eau comme une roue, il dressa le cou, le tendit en l'air vers les cygnes voyageurs, et poussa un cri si perçant et si singulier qu'il se fit peur à lui-même. Il lui était

impossible d'oublier ces oiseaux magnifiques et heureux. Sitôt qu'il cessa de les apercevoir, il plongea jusqu'au fond, et, lorsqu'il remonta à la surface, il était comme hors de lui. Il ne savait comment s'appelaient ces oiseaux, ni où ils allaient ; mais cependant il les aimait comme il n'avait encore aimé personne. Il n'en était pas jaloux ; car comment aurait-il pu avoir l'idée de souhaiter pour lui-même une grâce si parfaite ? Il aurait été trop heureux, si les canards avaient consenti à le supporter, le pauvre être si vilain !

Et l'hiver devint bien froid, bien froid ; le caneton nageait toujours à la surface de l'eau pour l'empêcher de se prendre tout à fait ; mais, chaque nuit, le trou dans lequel il nageait se rétrécissait davantage. Il gelait si fort qu'on entendait la glace craquer ; le canet était obligé d'agiter continuellement les jambes pour que le trou ne se fermât pas autour de lui. Mais à la fin il se sentit épuisé de fatigue ; il ne remuait plus et fut saisi par la glace.

Le lendemain matin, un paysan vint sur le bord et vit ce qui se passait ; il s'avança,

rompit la glace et emporta le canard chez lui pour le donner à sa femme. Là, il revint à la vie.

Les enfants voulurent jouer avec lui ; mais le caneton, persuadé qu'ils allaient lui faire du mal, se jeta de peur au milieu du pot au lait, si bien que le lait rejaillit dans la chambre. La femme frappa ses mains l'une contre l'autre de colère, et lui, tout effrayé, se réfugia dans la baratte, et de là dans la huche à farine, puis de là prit son vol au dehors.

Dieu ! quel spectacle ! La femme criait, courait après lui, et voulait le battre avec les pincettes ; les enfants s'élancèrent sur le tas de fumier pour attraper le caneton. Ils riaient et poussaient des cris : ce fut un grand bonheur pour lui d'avoir trouvé la porte ouverte et de pouvoir ensuite se glisser entre des branches, dans la neige ; il s'y blottit tout épuisé.

Il serait trop triste de raconter toute sa misère et toutes les souffrances qu'il eut à supporter pendant cet hiver rigoureux.

Il était couché dans le marécage entre les joncs, lorsqu'un jour le soleil commença à reprendre son éclat et sa chaleur. Les alouettes chantaient. Il faisait un printemps délicieux.

Alors, tout à coup, le caneton put se confier à ses ailes, qui battaient l'air avec plus de vigueur qu'autrefois, assez fortes pour le transporter au loin. Et bientôt il se trouva dans un grand jardin où les pommiers étaient en pleine floraison, où le sureau répandait son parfum et penchait ses longues branches vertes jusqu'aux fossés. Comme tout était beau dans cet endroit ! Comme tout respirait le printemps !

Et des profondeurs du bois sortirent trois magnifiques cygnes blancs.

Ils battaient des ailes et nagèrent sur l'eau. Le canet connaissait ces beaux oiseaux : il fut saisi d'une tristesse indicible.

« Je veux aller les trouver, ces oiseaux royaux ; ils me tueront, pour avoir osé, moi, si vilain, m'approcher d'eux ; mais cela m'est égal ; mieux vaut être tué par eux que d'être mordu par les canards, battu par les poules, poussé du pied par la fille de basse-cour, que de souffrir les misères de l'hiver. »

Il s'élança dans l'eau et nagea à la rencontre des cygnes. Ceux-ci l'aperçurent et se précipitèrent vers lui les plumes soulevées. « Tuez-moi », dit le pauvre animal ; et, penchant la tête vers la surface de l'eau, il attendait la mort.

Mais que vit-il dans l'eau transparente ? Il vit sa propre image au-dessous de lui : ce n'était plus un oiseau mal fait, d'un gris-noir, vilain et dégoûtant, il était lui-même un cygne !

Il n'y a pas de mal à être né dans une basse-cour lorsqu'on sort d'un œuf de cygne.

Maintenant il se sentait heureux de toutes ses souffrances et de tous ses chagrins ; maintenant, pour la première fois, il goûtait tout son bonheur en voyant la magnificence qui l'entourait, et les grands cygnes nageaient autour de lui et le caressaient de leur bec.

De petits enfants vinrent au jardin et jetèrent du pain et du grain dans l'eau, et le plus petit d'entre eux s'écria : « En voilà un nouveau ! » et les autres enfants poussèrent des cris de joie : « Oui, oui ! c'est vrai ; il y en a encore un nouveau. » Et ils dansaient sur les bords, puis battaient des mains ; et ils coururent vers leur père et leur mère, revinrent encore jeter du pain et du gâteau, et ils dirent tous : « Le nouveau est le plus beau ! Qu'il est jeune ! qu'il est superbe ! »

Et les vieux cygnes s'inclinèrent devant lui.

Alors, il se sentit honteux, et cacha sa tête sous son aile ; il ne savait comment se tenir, car c'était pour lui trop de bonheur. Mais il n'était pas fier. Un bon cœur ne le devient jamais. Il songeait à la manière dont il avait été persécuté et insulté partout, et voilà qu'il les entendait tous dire qu'il était le plus beau de tous ces beaux oiseaux ! Et le sureau même inclinait ses branches vers lui, et le soleil répandait une lumière si chaude et si bienfaisante ! Alors ses plumes se gonflèrent, son cou élancé se dressa, et il s'écria de tout son cœur : « Comment aurais-je pu rêver tant de bonheur, pendant que je n'étais qu'un vilain petit canard. »

QUE DIT LE DICO ?

accroire *(verbe).* Ne t'en fais pas accroire : ne fais pas trop le fier.
(s') affaisser *(verbe).* Tomber sous son propre poids.
affecté *(adjectif).* Être affecté, c'est être ému, triste.
agresseur *(nom masc.).* Un agresseur est celui qui attaque.
arbalète *(nom fém.).* C'était un arc utilisé au Moyen Âge.
assurément. Sûrement, certainement.

bafoué *(adjectif).* Être bafoué, c'est être tourné en ridicule.
baratte *(nom fém.).* C'est un appareil dans lequel on bat la crème pour faire le beurre.
bardane *(nom fém.).* La bardane est une plante dont les fruits s'accrochent aux vêtements ou aux poils des animaux.
bâtiment *(nom masc.).* Il s'agit d'un bateau à voile. Dans *le Vilain Petit Canard* le coq

d'Inde fait penser à un bateau dont le vent gonfle les voiles.

botanique *(nom fém.).* C'est la science des végétaux, des plantes.

Canaries. Les Canaries sont des îles situées au nord-ouest de l'Afrique, dans l'océan Atlantique.

consentir *(verbe).* Accepter.

contrée *(nom fém.)* Une contrée est une région.

courtisan *(nom masc.).* Un courtisan est un homme de la cour du roi.

cuire *(verbe).* Il se souvient combien il lui en a cuit : combien il a souffert à cause des piqûres d'orties.

dédaigner *(verbe).* Le chien dédaigne de me mordre, il refuse de me mordre tellement il est méprisant.

distinction *(nom fém.).* Dans l'histoire, c'est une marque d'honneur.

distingué *(adjectif).* Bien élevé, élégant.

écarlate *(adjectif).* Très rouge.

échasse *(nom fém.).* Les échasses sont de longs bâtons avec un endroit où poser les pieds. Elles servent à marcher en ayant les pieds au-dessus du sol.

entrebâillé *(adjectif).* Elle jeta les yeux sur la porte entrebâillée : un tout petit peu ouverte.
éperon *(nom masc.).* Les éperons sont des pièces de métal que portent les cavaliers à leurs talons pour faire aller plus vite le cheval. Les ergots du coq sont comparés à des éperons.
expérimenté *(adjectif).* Habile.
expier *(verbe).* Ses longues jambes frêles expièrent son exclamation : les longues jambes fragiles de la poupée furent punies à cause de ce qu'elle venait de dire.

farouche *(adjectif).* Sauvage.
flatter *(verbe).* Tu peux te flatter d'être laid : tu peux être fier d'être laid.
fumet *(nom masc.).* Le fumet des rôtis s'exhalait dans la rue : la bonne odeur des rôtis se répandait dans la rue.

gond *(nom masc.).* Une porte pivote sur ses gonds quand on l'ouvre.

huche *(nom fém.).* C'est un grand coffre de bois qu'on utilisait, autrefois, pour pétrir la pâte ou conserver le pain.

indicible *(adjectif).* Qu'on ne peut pas dire, exprimer.

inférieur *(adjectif).* La lèvre inférieure, c'est la lèvre du bas.
instance *(nom fém.).* Il se laissa toucher par leurs instances : par leurs demandes, leurs prières.
intendant *(nom masc.).* À l'époque de la petite Ida, un intendant était un homme qui était au service du roi et qui avait beaucoup de pouvoir.
intercéder *(verbe).* Les fleurs intercédèrent : elles supplièrent la verge de ne plus danser avec le conseiller, c'est-à-dire la poupée.

jars *(nom masc.).* Le jars est le mâle de l'oie.

mazurka *(nom fém.).* La mazurka est une danse d'origine polonaise.
magnificence *(nom fém.).* La splendeur.
marécage *(nom masc.).* C'est un terrain très humide.
mépriser *(verbe).* Ne pas estimer.
monceau *(nom masc.).* En monceaux odorants : le foin forme de gros tas qui sentent bon.

officier *(nom masc.).* Un officier est un garde du roi.
opinion *(nom fém.).* Exprimer une opinion, c'est donner son avis.

pantomime *(nom fém.)*. Le mime. Faire une pantomime, c'est dire des choses par gestes, en mimant.
persécuter *(verbe)*. Martyriser, torturer.
promptement *(verbe)*. Rapidement, vivement.

raie *(nom fém.)*. Une étoile traça une longue raie de feu : une longue ligne de feu.
réjouir *(verbe)*. Le vert réjouit les yeux : on éprouve du plaisir à le regarder.
résidence *(nom fém.)*. Faire sa résidence : habiter.
retraite *(nom fém.)*. Ici, c'est un lieu où la cane se retire, se cache pour couver.
rouet *(nom masc.)*. Autrefois, on filait la laine avec un rouet.

sureau *(nom masc.)*. Le sureau est un arbuste.
surmonter *(verbe)*. Le poêle est surmonté d'un couvercle : un couvercle est placé au-dessus du poêle.

verge *(nom fém.)*. Une verge est une baguette de bois qui sert de fouet.
veilleuse *(nom fém.)*. Il s'agit d'une chandelle, d'une bougie, d'une lumière qui éclaire faiblement, toute la nuit.

Table des matières

Composition MAURY, Malesherbes.
Photogravure NUANCES GRAPHIC, Montrouge.
Impression OFFSET-AUBIN, Poitiers.
Dépôt légal : février 1986 - N° éditeur : 13219.
Imprimé en France (Printed in France) - 870219 février 1986.